ZOÉ et THÉO

à l'école

Catherine Metzmeyer & Marc Vanenis

casterman

Dans la classe, comme chaque matin, tout le monde est occupé. Quand, tout à coup...

...la porte s'ouvre.
Monsieur Lefort apporte un très gros paquet.

— Qu'est-ce que c'est ? demande Zoé.

— Vous le saurez tout à l'heure… c'est une surprise, répond la maîtresse.
La sonnerie retentit.

— Allez, vite dehors, les enfants ! Toi aussi Zoé, dépêche-toi !
Zoé est attrapée, elle voulait jeter un coup d'œil dans la caisse.

— C'est peut-être une boîte pleine de jouets, imagine Lola.
— Ou bien de monstres ! ajoute Sami d'une grosse voix.

— Eh bien! moi, je vais voir, décide Zoé.
Elle s'approche à pas de loup...

« Pip pip... »
Mais quel est ce bruit ?
Effrayée, la petite fille s'enfuit.

— Et si nous allions voir tous ensemble ? propose-t-elle alors.
En file indienne, les enfants se faufilent jusqu'à leur classe.

— « Pip pip », mais c'est le cri d'une souris !
dit soudain Théo.

Pas moyen d'entrer ! La porte est fermée à clef.

— Entrez, petits curieux, dit la maîtresse.
Nous allons l'ouvrir ce paquet.

— C'est une télé, se réjouit Sami.
— Mais non, c'est un ordinateur ! affirme Zoé.
— Mais où est la souris ? demande Théo.

À cet instant, le bruit étrange se fait entendre : « Pip pip ! ». Les enfants sursautent.

— Oh ! Monsieur Lefort a oublié son portable !
Ouf ! tout le monde est rassuré.